Como se fizesse um cavalo

Como se fizesse um cavalo

Marina Colasanti

 gato letrado

COMO SE FIZESSE UM CAVALO
© edição brasileira: Editora Pulo do Gato, 2012
© 2012 by Marina Colasanti

COORDENAÇÃO EDITORIAL Márcia Leite e Leonardo Chianca
EDITORA ASSISTENTE Thais Rimkus
PRODUÇÃO GRÁFICA Carla Arbex
CONSULTORIA Dolores Prades
REVISÃO Ana Luiza Couto
PROJETO GRÁFICO E DIAGRAMAÇÃO Mayumi Okuyama

A edição deste livro respeitou o novo Acordo Ortográfico da Língua Portuguesa.

Dados Internacionais de Catalogação na Publicação (CIP)
(Câmara Brasileira do Livro, SP, Brasil)

Colasanti, Marina
Como se fizesse um cavalo / Marina Colasanti. –
São Paulo: Editora Pulo do Gato, 2012.

ISBN 978-85-64974-22-7

1. Literatura 2. Leitores 3. Livros e leitura I. Título.

12-04727   CDD-809

Índice para catálogo sistemático:
1. Literatura na formação de leitores 809

1ª edição • 2ª impressão • maio • 2013
Todos os direitos desta edição reservados à Editora Pulo do Gato.

pulo do gato | Rua General Jardim, 633 • 5º andar • CEP 01223-904
São Paulo, SP, Brasil • TEL: [55 11] 2503 1438
www.editorapulodogato.com.br • gatoletrado@editorapulodogato.com.br

Sumário

6   *A contadora de histórias ou a moça tecelã*
    por Eliana Yunes

18 Como se fizesse um cavalo ou
    avaliando a minha dívida com a leitura

46 O LIVRO, entre Barbie e a longa noite

78 SOBRE A AUTORA

A contadora de histórias ou a moça tecelã

por Eliana Yunes

Que pode pensar um leitor que lhe vê cair nas mãos um novo livro de Marina Colasanti? Desde 1981, quando saiu *Uma ideia toda azul* e seu marido escreveu, no prefácio, que enquanto as pessoas liam contos de fada ele vivia com uma, Marina, editora do já emblemático "Caderno B" do *Jornal do Brasil*, cronista perspicaz de revista feminina (*A nova mulher*) entrou para um terreno escorregadio academicamente falando, o da literatura dita infantojuvenil.

Mas quem pegasse em mãos aquele livrinho fino, capa azul, com uma donzela medieval e seu bastidor, alinhavada em traços de gravura, poderia imaginar por associação, histórias românticas do tempo de cavaleiros que se queriam cavalheiros e em que as mulheres, bordando, os esperavam. Mas desde o primeiro miniconto, surpresa maior: pequenas e delicadas tragédias, a peleja feminina pela realização de seus desejos, tal como enunciada por Andersen em sua Sereiazinha, a busca de imagens novas para falar dos antigos e secretos anseios a que casamento nenhum traz satisfação, citações sutis de muitas leituras lidas pelo avesso, enfim, uma fada de sonho em carne e osso.

Marina tomava corpo frente a novos leitores. Não mais os aspirantes a intelectuais do *JB*, nem as aprendizes de feminismo de revistas mensais, mas indecisos adultos, encarregados de apresentar o livrinho ao público pequeno para o qual parecia talhado, hesitantes — com aqueles finais "infelizes" — de que o livro não fosse em verdade para os de mais "sólida formação". Lidos "Atrás do bastidor" ou "A primeira só" ou ainda "Sete anos e mais sete", a tal faixa etária escapava entre os dedos, porque um mundo inconsciente como o dos contos e das lendas abria-se a gente de idades muito diferentes: "literatura não é para entender, mas para sentir", diria Drummond, amigo da escritora. E seu fio de tinta, a bico de pena e faca seca, a sublinhar o imaginário do leitor.

Não é aqui o espaço para análises da obra e seus possíveis públicos, coisa, aliás, que teses e dissertações acadêmicas vêm fazendo com perspicácia interdisciplinar, recorrendo à antropologia, à psicanálise, à filosofia e à teoria da literatura, pelo menos; sem esgotar o que cada conto de *Os doze reis e a moça no labirinto do vento*, *Longe do meu querer*, *Entre a espada e a Rosa* traz em sugestão para que o leitor olhe para dentro e se pergunte coisas, os livros que se sucederam não a aprisionaram no que seria "um gênero" e desdobraram o traço poético em *Rota de colisão* e *Passageira em trânsito*, ampliando o público que se fidelizou a cada obra. Traduções, prêmios, viagens, conferências... eis-nos aqui!

Aceitamos hoje, entre as muitas teorias sobre a verdade a que aspiramos e que nos garantiria o dualismo sem culpas entre falso e verdadeiro, que nossa cultura é feita em boa parte de imaginário, que gera realidade; por outro lado, a realidade é ficcionalizada não apenas na literatura e outras artes. Fala-se em autoficção como autobiografia e com frequência narrar é nosso modo efetivo de existir. Contar ainda é, sob qualquer suporte, a maneira de garantir a história que nos pertence e à qual pertencemos e que faz nossa passagem neste planeta e universo, a história da humanidade: muitas versões.

Neste pequeno volume estão duas versões de Marina. Ambas escritoras, uma enlevada pela palavra do outro que se entremeou visceralmente à sua, outra em que, distanciada e ao mesmo tempo no meio do mundo, o lê. Marina, de voz mansa e suave, não tem temperamento das fadas dos contos mágicos que leu, mas sob o olhar etíope, na pele clara emoldurada por cabelos ruivos, habita uma pensadora perspicaz de sua própria história e da cultura. Suas fadas subvertem o mundo e se, por um lado, põem a mão na massa e servem a mesa com trutas perfumadas, por outro vão à luta por causas que não dependem de varinha de condão.

No primeiro texto, a partir de pretexto sempre buscado no diálogo com outro pensador, Marina nos conta sua história de leituras, de forma aparentemente espontânea, deixando-se, ao sabor da memória, indo e voltando, a recolher as leituras que a constituíram. Sim, porque Marina, sob a desculpa de estar tirando da estante os livros que a guardam, como o mármore que guarda o cavalo, acaba por nos indicar o que fica de todas elas como provocação à sua escrita: este o cristal do seu texto. As leituras só se guardam porque estão à mostra, confessadamente, na sua escrita. Pinóquio? Presente! Mosqueteiro? Presente! Pirata? Presente! Ilhas misteriosas? Presente!

Viajantes marinheiros? Presente! Castelos e torres altas? Presente! Mitos e fadas? Presente! (O leitor de Marina agora nomeie um a um, comigo, como num jogo mágico.)

Marina vai entregando sua história de leitora desde a voz dos mediadores à antiga, mãe, babá, avó que liam para ela com a lógica da linguagem escrita, que tem ritmo e métrica próprios e, sobretudo, não a abandonavam nessa hora das sombras que é a noite e o sono para quem a vida é luz e movimento. Gente como Daniel Pennac já lembrou isso algumas vezes.

Uma viagem e tanto no primeiro texto "Como se fizesse um cavalo", como se estivesse a cavalo, como se fosse um cavalo, a percorrer de crina ao vento como aquele seu unicórnio, levando na montada não o rei errante, mas a rainha de rédeas em punho, narradora que nos conta o mundo possível, imaginado, temido, desejado. O mundo que nasceu de seus olhos, passou por seu coração e mente, desceu às páginas que estavam em branco e por seus dedos hábeis nos legaram travessias que sozinhos não as faríamos.

Pela mão, igualmente, ela nos conduz aos romancistas russos, aos poetas franceses, aos conterrâneos italianos, aos narradores americanos. Ela vai, a pedido, largando livros em nosso caminho e já temos um programa de leituras para os próximos anos, entre ladrões e detetives, entre estórias e histórias, entre encontros (Clarice, Drummond, Cabral, Bandeira... Affonso, por que, não?) e despedidas, como a recente de Bartolomeu Campos de Queirós. Marina, noves fora todas as leituras, não se acha como pessoa, pois como profissional da escrita é toda réplica, releitura, escritura, como apontou Roland Barthes.

Há outra versão de Marina, no segundo texto "O Livro, entre Barbie e a longa noite". Poético, não? Mas de poesia não se trata aqui. Uma pensadora arguta, mulher de seu tempo, viajadora atenta, Marina, a pretexto da assim chamada crise do livro — fim ou não? —, nos convida a fazer um passeio por outro bosque que não o da ficção com Eco, mas o do mercado com os consumidores. Sua defesa convicta do livro impresso, sem nenhum ataque raivoso aos *e-books*, ganhou esta semana o apoio de um físico-linguista, Robert K. Logan, discípulo de McLuhan, ao afirmar que "o cérebro humano é viciado em tinta e papel" e que os mais sagazes combinarão impresso e virtual, em breve.

Também essa reflexão é pretexto para ler, ler o mundo, ler o mundo contemporâneo, ler a cultura que carregam livros e pixels, ler o mercado, das Barbies às Feiras de Livro, sobretudo, ler as relações entre autores, leitores e editores. Ler as editoras, sua passagem das famílias aos grupos, destes aos conglomerados, do editor aos conselhos, em que a repetição e a quantidade esmagam a qualidade e a originalidade. "Tantos são os livros", se queixa de não dar conta, mas "tão poucos com algo que efetivamente me convoque!". Livros "para todos, a mão cheia" como queria o poeta romântico, Castro Alves, livros que abram a porta do banquete que a narrativa, da culinária aos mapas, buscou registrar.

Pontos de vista diversos, democratização das vozes e intervenções, crítica, resenha, resumo, suplementos literários, revistas acadêmicas, blogs assinados permitam que se saiba dos livros sem que um leitor o tenha lido! Marina põe na mesa de debates os papéis agora múltiplos que cada um exerce, a ponto de se criar coautor sem aviso prévio ao parceiro: já encontrou texto de Marina com o se fosse de Clarice e vice-versa?

Marina não se lamenta, constata, não se toma posição que não impõe a ninguém. As ondas mercadológicas trazem com pressa novos best-sellers, que são abandonados como encalhes, recolhidos em compras inadvertidas de livro barato para limpar os estoques editoriais. Tendências que correm atrás de um público despreparado para saber que tem direito ao bem e ao melhor, a reboque da mídia eletrônica que tem tornado notícias em narrativas instigantes. Orientais? Temos! Japoneses? Temos! Escandinavos? Temos! Latino-americanos? Tivemos, e até dois Nobel!

Sua equação tem lógica e lucidez: livros também servem para passar o tempo, que pode estar vazio de sentido sem que se queira preenchê-lo com essas elucubrações... Mas de que se alimenta — pergunta — essa voracidade do mercado que quer tudo e todos na sua mão? Da demanda, responde. Demanda ordinária? Forjada? Mas demanda. Então Marina desemboca na sabedoria dos antigos e modernos, sem querelas: educar, educar o olhar, a percepção, a reflexão... Educar desde a infância para que se reconheça o ético e o estético antes que se leia unicamente, e por necessidade, manuais sobre eletrônica e máquinas e que os contos que nos preguem se resumam a faturas de "conta...bilidade". Sem choro nem vela, a sério, educar é preciso e as narrativas do humano são as que nos podem humanizar.

As reflexões de Marina aqui reunidas, vindas de espaços diversos, ajudam a entender porque pessoas como ela — ficcionistas e leitores críticos — são vitais para que a palavra não perca seu tom, seu lugar entre nós.

março de 2012

Como se fizesse
um cavalo

Como se fizesse um cavalo

ou avaliando minha dívida com a leitura*

* Conferência escrita
para Primer, Simposio del
Libro infantil y juvenil
Brasil-Colômbia, Asolectura,
Bogotá, outubro de 2007.

Recentemente, buscando material para organizar um curso, debrucei-me sobre biografias e depoimentos de escritores, de pessoas ligadas a leitura, ou apenas de grandes leitores. E o que mais me fascinou foi ver repetida, em versões diversas, a experiência do primeiro livro, do livro fundador que nunca mais se esquece, aquele que abriu as portas para todos os que viriam depois. É um encontro possível somente graças a uma série de conjunções internas e externas, quase mágico. É uma revelação.

Eu nunca fui miraculada. Não houve uma primeira voz impressa que me dissesse: sou teu abracadabra. O que havia era um coro de vozes, profusão de livros ao meu redor e ao meu dispor, me atraindo em várias direções. Quero dizer que não tenho, em minha vida, experiência de não leitura. Nunca houve um começo formal, um primeiro livro. Deslizar das histórias que me eram lidas para minha própria leitura foi tão suavemente progressivo e natural que não me dei conta. A impressão que me ficou é de sempre ter lido. E de sempre ter lido com encantamento.

Atualmente, quando em viagem, posso passar dias sem jornal. Mas não sem livros ou sem qualquer papel para escrever. É como se eu não soubesse pensar a vida sem a palavra escrita. Dito assim, parece apenas uma forma mansa de escravidão. Mas porque é tão mais do que isso, vou tentar dizê-lo através de um artifício.

Conta-se que certa vez perguntaram a Michelangelo — acho que foi a ele, e não vou verificar agora — como fazia para esculpir um cavalo. É simples, teria respondido o artista, pega-se um bloco de mármore bem grande, tira-se tudo o que não for cavalo, e o que sobra é ele, o equino. Seguindo o seu exemplo, vou desbastar do bloco da minha vida todas as leituras, tirar os livros todos. O que sobrar será o que eu teria sido sem eles, e me dará a justa medida do que fizeram por mim.

♦

O primeiro golpe no meu bloco me obriga a eliminar a voz macia, da minha mãe ou da minha babá, mas feminina sempre, que à beira do sono me entregava os primeiros contos de fadas. Eu os incluo na categoria de leitura porque havia sempre um livro presente e, se não era eu própria que lia, o que eu ouvia não era oralidade, era a transmissão de uma narrativa escrita. Esses contos estão plantados onde tem início a minha memória. E se tento imaginar-me sem eles, percebo que a escuridão da noite e o seu silêncio teriam começado de chofre, sem remissão, com a temida ordem: "Hora de ir para a cama!". Retirada a presença daqueles cavaleiros e damas, dos aldeões, dos duendes, das velhinhas bondosas e das más, dos pastores e animais falantes que me davam a mão para entrar nos sonhos, eu não teria tido outra solução senão pular no sono de pés juntos, como quem cai dentro de um poço.

Nenhum lobo escondido entre troncos teria me ensinado a lidar com os outros lobos, bem mais famintos, que haveria de encontrar vida afora. Nenhuma Fera teria me mostrado a beleza da compaixão. O patinho feio que eu era não teria tido nenhum aceno convincente da possibilidade de transformação. E sem a princesa pálida como a neve deitada no seu esquife de cristal e devolvida à vida por um beijo, quem me diria da força vivificadora do amor?

A linguagem simbólica foi a primeira que recebi da literatura. Aquela na qual, até hoje, melhor me expresso. Apagados esses contos da minha vida, eu dificilmente saberia percorrer o caminho que leva ao nascedouro do maravilhoso. Nem teria, tanto tempo depois, escrito os meus próprios contos de fadas, para levar outras pessoas pela mão até os sonhos.

♦

Já faltando um pedaço tão importante do meu bloco de mármore, teria de apagar um a um os livros de aventuras — aqueles que li com tanto entusiasmo —, porque os de fadas haviam me preparado para eles. Demoraria um tanto, certamente, pois não resistiria e, durante a operação desmanche, leria um pouco aqui, um pouco acolá. Mas, afinal, ao lixo os chapéus emplumados, as capas, as espadas, ao lixo cavalos e carruagens. Quem eram mesmo os mosqueteiros? Gente que usa mosquete? E por que só três? Uma máscara de ferro, para quê?! E o que acontece, o que acontece, meu Deus, vinte anos depois, se nada aconteceu antes?

Com as capas e as espadas seria obrigada a jogar fora um pedaço da história da França que aprendi em puro prazer, um cardeal cuja alma intrigante e perversa reencontraria tantos anos mais tarde nas pinturas de Francis Bacon, e o conceito de atração e enfrentamento que sempre esteve na base das relações França/Inglaterra — ou não é isso que nos conta o romance da rainha Ana de Áustria, esposa de Luís XIII, com Lord Buckingham?

Sem aqueles companheiros fanfarrões, minha vida se veria privada de uma bela lição de amizade e de um mote que utilizei mais de uma vez: "Um por todos! Todos por um!". E eu precisaria aprender sozinha que o mais importante para o jovem que chega à cidade grande vindo da província — ou para o jovem que vindo da infância chega à adolescência — é cercar-se de companhias boas e fiéis.

Ao lixo, também os piratas. Homem de perna de pau passaria a ser para mim apenas deficiente físico, gancho só serviria para pendurar carne no açougue, uma prancha suspensa sobre a água nada mais seria que um trampolim de piscina. Com isso, desapareceria um trecho do livro que recém entreguei ao editor — "Minha tia me contou" — em que uma bandeira pirata ondeja entre as páginas. E iria também um poema, "Nenhum como aqueles", em que um fragmento de violência urbana e náutica atual é visto através da leitura de tantos romances do italiano Emilio Salgari, sobretudo os do *Corsário Negro* e os do *Ciclo de Sandokan*, bucaneiro que, sob o apelido de Tigre de Mompracém, luta contra os ingleses nos mares da Malásia para vingar o assassinato da sua família:

> *Ao largo*
> *cravados sobre o horizonte da imensidão do mar*
> *como torres de uma fortaleza*
> *navios cargueiros esperam*
> *fundeados.*
> *Não entraram no porto.*
> *O porto à noite*
> *é reino de piratas.*
> *Na minha infância os piratas*
> *tinham cor*
> *"Negro", "Vermelho"*
> *e barbas*
> *de preferência ruivas*
> *e papagaios*
> *e ganchos em lugar das mãos.*
> *Na minha infância os piratas*
> *eram amigos do rei e se anunciavam com a bandeira negra*

e o brasão da caveira rindo ao vento.
Os piratas da ilha de Mompracém
jovens Tigres de Sandokan
abordavam minha infância
no silêncio de seus prahus.
Hoje os piratas se escondem
atrás da noite
sem barba e sem rosto
escuros como ratos do porão.
Nenhum navio fantasma
nenhuma caravela singra no porto
as águas poluídas.
Os predadores chegam em silêncio
rêmoras encostadas rente ao casco
desbotados piratas de blue jeans.
E os carros que passam distantes
no alto da ponte
anônimas luzes que correm
não ouvem o canto cortante
das metralhadoras.

Lamento, meu pequeno Peter Pan, mas, embora tangencial, você teria que ir na leva dos piratas. Sem Capitão Gancho na Ilha do Nunca, acaba o conflito, desmorona o romance. Meninos Perdidos e Sereias não bastam para alimentar tuas aventuras. Adeus, portanto, menino que vi trepado em uma árvore olhando pela janela a sua antiga cama ocupada por outro, enquanto do lado de cá do livro eu chorava descobrindo como pode ser doloroso recusar-se a crescer.

♦

Apagar é como jogo de boliche, o controle só vai até certo ponto, os pinos que caem vão derrubando outros. Não dá para evitar. Se jogo fora os piratas, se me desfaço dos livros de aventuras, sou obrigada a liquidar as ilhas. Despedindo-me de Edmond Dantés, que com tanto empenho tentou me convencer da grandeza da vingança, some com ele no horizonte a ilha de Monte Cristo, que já não dará a ninguém nome e fortuna.

E como fica meu imaginário se uma ilha for somente um pedaço de terra cercado de água por todos os lados, se uma ilha for acidente geográfico e não símbolo? *"Onde os oceanos se encontram, existe uma ilha pequena..."*, assim começa um conto meu, mas sem ter naufragado em tantas ilhas literárias, sem ter acompanhado passo a passo a sobrevivência de tantas personagens, sem ter aprendido que uma ilha é microcosmo, metáfora da própria vida, por que escolheria eu uma ilha para ambientar uma história de amor e rivalidade entre irmãs? A frase "Todo homem é uma ilha." perderia para mim metade da sua densidade.

Entre tantas ilhas que frequentei, de três, sobretudo, me dói abrir mão: a Ilha do Tesouro, a Ilha Misteriosa e a de Robinson Crusoe. Pode não parecer, mas me pertencem. Com suas cabras, seus segredos, suas riquezas ocultas, seus mapas traçados num pergaminho, com o ecoar da música de órgão nas profundezas, com uma vela que surge no horizonte, são minhas. Eu as percorri tantas vezes, sobrevivendo cada vez como se fosse a primeira, aprendendo a estar só, a marcar com entalhes num tronco o passar do tempo, a construir uma cabana sem pregos e sem ferramentas, percebendo pouco a pouco que com inteligência e força de vontade pode-se reinventar a vida. Essas três ilhas fazem parte da minha experiência. E tenho que deixá-las ir. Mas foi para elaborar as perdas que fizemos análise nos anos 1960. Então, adeus ilhas.

Com Crusoe, sou obrigada a me privar de Gulliver, porque li esses dois na mesma época e com igual entusiasmo.

No tempo d'eu menina
os corredores eram longos
as mesas altas
as camas enormes.
A colher não cabia
na minha boca
e a tigela de sopa
era sempre mais funda
do que a fome.
No tempo d'eu menina
só gigantes moravam
lá em casa.
Menos meu irmão e eu
que éramos gente grande
vinda de Lilliput.

Nunca teria escrito este poema se não tivesse estado com o herói de Swift naquela terra de gente pequena. A perda de um poema não seria grave. Grave teria sido não contar com a força dos lilliputianos como exemplo, no tempo em que eu própria era uma lilliputiana num mundo habitado por gigantes.

◆

Já desbastei tanto, o que consegui até agora que se assemelhe a um cavalo? Ou estou longe, e só obtive qualquer coisa que deixou de ser bloco de mármore, mas ainda não galopa?

Apago Tom Sawyer e Huckleberry Finn (sofro mais por Tom Sawyer, que vivi um pouco suspirosa, como meu primeiro romance de amor, ele defendendo aquela menininha do índio e da faca). Desfaço-me de toda a coleção de Júlio Verne — o mundo que não posso percorrer em 80 dias deixa de ser tão redondo, e a Lua, onde nenhum foguete pousou antes de 1969, perde parte do seu encanto. Nunca minha estante abrigou os 11 — ou eram 12 ? — volumes do Tesouro da Juventude, que tanta companhia me fizeram quando cheguei ao Brasil. Aliás, nunca tive estantes, pois não teria tido serventia para elas. Jogo um pano preto sobre aquele cavaleiro magro montado no magro cavalo, e o seu escudeiro gordo montado no manso burrinho. Não saberei mais temperar o delírio dos sonhadores com a sabedoria simples de quem vive com os pés no chão. Somem os dois com castelos e moinhos de vento, levando a tradução que fiz, faz pouco tempo, da sua história contada para crianças.

E desaparecendo o Cavaleiro de Triste Figura vai-se também o exemplo que Alexandre Dumas usou para construir aquele mosqueteiro que também não está mais aqui. Sinto um estranho frio, como se tivessem me tirado a roupa, mas talvez seja apenas solidão.

E o desmonte nem saiu da infância. Mas agora, eu que ainda no ventre da minha mãe viajei da Itália para a Eritreia onde haveria de nascer na cidade de Asmara, e da Eritreia fui para Trípoli, e de Trípoli fui para Roma, e de Roma viajei Itália acima e Itália abaixo, até vir para o Brasil onde não pararia de viajar, agora tenho que dizer adeus a dois semelhantes meus, a dois como eu viajantes, que acompanhei em países distantes, aprendendo com a deles a minha própria viagem. Tenho que me despedir de Ulisses e Marco Polo.

Que ingratidão!

Se Marco Polo descesse
a Quinta Avenida
pensaria ter voltado
a Cambaluc
cidade das doze portas
onde mercantes viajantes transeuntes

misturavam-se aos homens de negócios
vindo buscar fortuna/na terra do Grande Khan. (...)

Assim escrevi em um poema, olhando a moderna Nova York, tão cheia de visitantes orientais e de riquezas, com os olhos de Marco, que tantos anos antes haviam me mostrado ambas as coisas. E minha dívida é ainda maior com Ulisses.

Ah! quantas vezes
com cera algodão
resina ou barro
barrei os ouvidos
para melhor ouvir
minhas sereias.

Esse poema eu não teria escrito, não por não querer ouvir sereias, mas por não saber que era delas a voz que me encantava. As sereias de Ulisses iriam fazer companhia à Sereiazinha de Andersen, sentada ao lado de Ondina, na escuridão das águas ou do ocultamento. E com as duas ficaria aquela minha sereia de conto, pequena, capturada um dia em uma rede de pesca e criada na banheira de um apartamento, que o dono leva às vezes de carro para ver o mar, preso o pescoço na coleira para que não fuja.

Estou tentando esculpir um cavalo, e para isso terei que me desfazer de outro. Empurro sobre suas rodas, para fora da minha infância, o Cavalo de Troia. Nunca mais cavalos serão tão importantes por dentro quanto por fora. Terei que aprender em outra parte o poder da astúcia, e o custo da boa-fé. Quando, já adulta, lesse no poema de Eugenio Montale *"Não era tão fácil morar/ no cavalo de Troia./ Estávamos tão apertados quanto / sardinha em lata (...)"*, nenhum eco me levaria de volta ao passado e àquele enorme cavalo de madeira entrando na cidade cobiçada, nenhuma lembrança antiga me diria do cheiro de suor e madeira úmida, do cheiro quase de navio que havia naquele ventre apinhado. Eu não saberia que os guerreiros ali escondidos traziam areia nas sandálias. Mas é provável que, não tendo lido na infância a adaptação da *Ilíada*, não tendo lido livro algum, jamais chegasse ao poema de Montale. E hoje, diante do ataque de uma mensagem Cavalo de Troia ao meu computador, veria só o perigo de um vírus sem nenhuma grandeza.

De uma coisa mais tenho que me despir antes de entrar na adolescência: dos mitos gregos. Eu os recebi na infância, por etapas, inclusos em histórias, mas sobretudo através de um livro que os narrava e que me encheu, para sempre, de maravilhamento. Deixo, com o *peplo*, muito mais que uma pele. Pois os mitos não são algo externo que aprendemos, são nossa realidade interior trazida à superfície. Foram eles que me guiaram nos encantos da metamorfose, hoje deus, amanhã chuva de ouro ou cisne ou touro branco saindo da água. Foram eles que encheram minhas fontes de ninfas, meus bosques de sátiros, meu céu de deuses, carruagens de fogo e cavalos alados. A mitologia me deu de presente outros níveis de realidade, bem mais fundos que os do cotidiano. E renegando-os terei que me contentar com aqueles mais rasteiros, que todos consomem no dia a dia como se os pastassem.

♦

Pronto, eis que ignorante, e quase cega como uma toupeira, saio de uma infância sem leitura. Devo ter me aborrecido um bocado com tanto tempo livre e nenhuma boa história para preenchê-lo. E que solidão danada, em meio a tantas viagens e mudanças, sem a farândola das personagens como companhia. Mas cresci e cheguei à adolescência. Tentarei ser breve.

Atiro ao fogo os livros de M. Delly. Dizíamos Madame Delly, parecia casar tão bem com o conteúdo açucarado; não sabíamos que era pseudônimo de um casal de irmãos escrevendo a quatro mãos, aliás, duas. Li todos ou quase, e eram muitos. Suspirei fundo com aquelas paixões cheias de entraves que nunca chegavam às vias de fato, aqueles heróis de olhos azuis que na hora da fúria tornavam-se cinzentos e frios como o aço, aquelas donzelas pobres e dignas almejadas pelo poderoso. Me encharquei de amor romântico. Foi bom e útil. Porque pouco depois, descobrindo nos livros de Erich Fromm verdades bem mais cortantes ditadas pela preponderância do sexo sobre o amor, pude temperá-las com aquela reserva de perfume de rosas que havia acumulado.

Atiro ao fogo *Toi et Moi*, de Paul Géraldy. Não sofro nada, confesso, é quase um alívio, embora mais tarde, num curso de encadernação, eu mesma tivesse encadernado de pelica azul o meu exemplar. Não me lembro de um único poema daquele livro, e é como se nunca o tivesse lido. Mas foi uma leitura preparatória, uma espécie de alongamento antes da ginástica que viria adiante. Se eu não o tivesse ganhado de uma prima mais velha, não estaria pronta para a poesia de outros amores quando, poucos anos depois, meu pai me deu Baudelaire, *Les fleurs du mal*, e Omar Khayyam, *Le Quartine*, em duas edições esplendorosas, ilustradas, que guardei até agora amorosamente, e que neste momento nefando me vejo obrigada a metaforicamente defenestrar.

Antes desses, porém, antes mesmo da pelica azul, entrego ao nada *Poesie*, uma coletânea do italiano Aldo Palazzeschi, que li quando tinha uns 14 anos. De um surrealismo muito pessoal, entre toques da mais pura ironia, põe em cena damas veladas, príncipes que velejam em mares de prata fundida, velhinhas ajoelhadas em igrejas escuras, muros altíssimos cobertos de hera. Sua imagética e musicalidade ficaram tão gravadas em mim que, de forma absolutamente involuntária, retomei-os recentemente, no conto "Entre Eles Água e Mágoa", do livro *23 Histórias de Um Viajante*. Posso fazer de conta que nunca li Palazzeschi, mas desse conto não abro mão de jeito nenhum.

Socorro! Quando eu ia chegando aos pesos-pesados da poesia na minha vida, quando ia pedir perdão a Paul Éluard pela separação que se impõe, me atingiu como uma pedrada a percepção de que continuava acobertando no coração *As aventuras de Pinóquio*. Devo ter feito de propósito, tentativa inconsciente de preservar o personagem mais querido e presente da minha infância, meu herói de madeira.

Quanto percebi, naquele tempo, de sua extrema pobreza, daquela falta de comida que junto com a curiosidade é o movente primeiro das suas aventuras? Parecia-me levado, era sobretudo pobre. A lareira pintada na parede porque não há fogão, a inexistente panela pendente sobre o falso fogo com uma fumacinha saindo pelo canto da tampa para fingir que há comida, são imagens que criança nenhuma esquece. E as peras, aquelas três peras que seriam a refeição do pai e que este lhe dá, das quais Pinóquio descarta inicialmente as cascas para comê-las depois, porque a fome é maior que três peras. Acho que, como todo pequeno leitor, eu também teria gostado de dar uma martelada no Grilo Falante, sábio presunçoso que com vaticínios de mau agouro tenta empatar os despreocupados planos de Pinóquio. Mas a metamorfose da marionete em burrinho me alertou de forma inesquecível para os perigos de uma vida sem qualquer tarefa ou dever.

Se eu apagar da minha vida esse livro, serei obrigada a doar o minúsculo exemplar que meu marido me deu de presente, as várias edições ilustradas que comprei mundo afora ao longo da vida, o boneco articulado que minha filha me trouxe de uma viagem, o outro que comprei na Itália, e o álbum dos pequenos cenários e dos 18 discos de papelão com a história toda contada e musicada, que conservo há mais de sessenta anos. E desaparecerá meu nome de tradutora da capa da recente edição brasileira.

♦

Volto a Éluard, de quem *Une Leçon de Morale*, também encadernado em pelica azul — o pedaço que eu tinha dava para dois livros —, me aqueceu durante anos. Este livro tão especial em que cada poema tem duas versões, uma para o bem e outra para o mal, me ensinou para sempre a possibilidade de dois olhares, a dialética de claro/escuro que habita todo poeta. E o significado, às vezes impenetrável, de certos versos me levou a descobrir que nem tudo pode ser dito com as palavras do cotidiano, e que é preciso buscar outras maneiras de apreender. A intensidade com que frases não plenamente compreendidas conseguiam me atingir revelou-me que a poesia escreve em outra clave.

No mesmo lote de Éluard vão Bandeira e Drummond, que descobri logo em seguida. Mas como posso apagar esses dois grandes poetas, se os conheci pessoalmente, se fui a noites de autógrafos dos seus livros? Como fingir que nunca li Drummond, de quem sabia tantos poemas de cor e a quem atendia na redação do Caderno B do *Jornal do Brasil*, onde ele era cronista e eu redatora? Como separar a pessoa Drummond que tomou café na minha casa e de quem sei que tinha, às vezes, uma feridinha acima do lábio, do poeta Drummond com sua transcendência? Tirar a leitura da vida adulta é bem mais complicado que desbastar bloco de mármore. Porque não basta tirar livros, é preciso desfazer pessoas, pois os livros são elementos de convivências diretas, mais íntimas. Apagar Clarice? Nem pensar!

E são livros demais, caravanas de livros. Eu poderia ir por etapas de vida. Os livros que li de parceria com meu pai depois que minha mãe morreu, quando ele precisava de companhia para ler. Faço um caixote com os russos, primeiro. E que caixote! Só Dostoiévski, com sua estatura, mereceria um contêiner.

Acrescento um ou outro francês, um poeta satírico italiano que escrevia em dialeto romano, Trilussa, cujos poemas meu pai dizia para mim como histórias, e eu poderia repetir agora para vocês. Mais Carducci e Leopardi. Depois ponho os americanos, empurro para dentro os touros de Hemingway, com toureiros, *banderillas* e trajes de luzes, soco a cauda daquele grande peixe que não quer morrer, dou um jeito de fazer caber os habitantes da Yoknapatawpha de Faulkner, os da Nova York de Dos Passos, os elegantes alienados de Fitzgerald. E sacrifico Steinbeck a um deus desconhecido.

Eliminando os russos, anulo meu aprendizado de estrutura literária. Desaparecem as fundações, os arcobotantes, as vigas narrativas que transformavam histórias e personagens em construções grandiosas, pirâmides ou catedrais do viver humano. E com os americanos desfaço-me da surpresa que me atingiu quando percebi que era lícito usar texto tão essencial, frase tão curta. Depois deles, minha relação com a vírgula nunca mais recuperou a antiga intensidade.

No mesmo lote, sou obrigada a incluir dois livros que correram por fora, atropelando minhas emoções. *Il Diavolo*, de Papini, com quem pude dar alguma concretude e bons trajes teóricos a essa figura antes apenas assustadora que nos espreita nas esquinas da vida. Também de Papini, *Gog*, crítica irônica do seu tempo, tão afiada que continua atual, e que eu haveria de traduzir muitos anos depois. E já que estamos indo de italianos, *ciao* Moravia, *ti ho voluto tanto bene*, e também te traduzi com paixão.

Que genocídio, meu Deus! Ainda bem que papel não sangra. Ou melhor, ainda bem que o sangue dos livros é invisível. Sinto-me em pleno *Fahrenheit 451*, livro que felizmente não tenho que jogar fora porque nunca o li, mas onde — vi no filme — os livros são banidos e atirados nas fogueiras.

A enciclopédia de arte que meu pai me deu, estupenda, fica comigo, transferida da categoria de livro--leitura para a de totem. Dela, não há quem me separe. Idem para os outros livros de arte, os catálogos dos museus por onde andei e os das grandes exposições que o destino generoso me permitiu ver.

Deveria botar na lista de extermínio os livros que li com o primeiro namoradinho, mas eis que de repente me lembro de *Tarzan*, lido muito antes, com meu irmão, com quem construi cabanas na selva doméstica da nossa primeira moradia no Brasil, e me balancei nos cipós soltando o característico grito do homem macaco. Os saguis que saltavam no bambuzal não reconheceram o apelo, mas sem aquelas leituras e aquele grito, que inóspita e alheia me pareceria a mata tropical quando ali cheguei.

Depois do primeiro namoradinho, houve um segundo. E lemos juntos. E um terceiro, que já não era apenas namoradinho. E lemos juntos. Houve um no meio, e não lemos juntos porque ele não gostava de ler; dizia que o faria mais tarde, quando fosse velho e tivesse tempo sobrando, e eu achei mais prudente não esperar para verificar.

Arsène Lupin. Quero encerrar a lista e não consigo, a memória em geral meio emperrada parece ter saído da letargia e me entrega mais um livro, mais uma lembrança. É o reconhecimento por serviços prestados. Arsène Lupin saiu do mapa antes que eu o apagasse. Ninguém se lembra mais dele. E, no entanto, como me divertiu esse ladrão elegante, modelo para tantos ladrões finos que estiveram em moda no cinema americano. Lendo Arsène Lupin, quem diria, preparei-me para ser apresentada a outro elegante, Bond, James Bond.

Falo de ladrão, e Robin Hood aparece. Muito andei com seu bando na floresta de Sherwood, tirando dos ricos para dar aos pobres. Vestida com minhas bragas verdes, saltei das árvores sobre as carruagens, surgi de arco em punho por trás dos troncos, desembainhei a espada e o punhal, sempre em defesa dos desamparados e contra os usurpadores. Nunca duvidei da volta de Ricardo. E Ricardo chegou todas as vezes que reli essa história. Com a identidade encoberta pela couraça ou pelo capuz, com o coração leonino batendo sob a cota de malha, Ricardo voltou da cruzada para enfrentar o irmão João Sem Terra e devolver o seu país à justiça. Há alguns anos, quando na França me vi diante da casa em que Ricardo Coração de Leão se recolheu ferido, quanta emoção! Era como se pisasse nas antigas pegadas de um parente.

Dever me é também entregar às águas do olvido dois barcos. Coloco num *sampan* imaginário a coletânea de poetas chineses que ganhei da amiga de infância num passageiro encontro em juventude. Enquanto ele desce lento a correnteza, o vinho deixa de brilhar na taça de Li Po, as flores de pessegueiro desaparecem no ar. E só por um instante ouço ainda ao longe a voz de Po Chu-i falando dos tártaros acorrentados, enquanto cessa o tempo que antes só se detinha no sofrimento do velho poeta doente. No outro barco, de origami, vai *O País das Neves*, do japonês Yasunari Kawabata, um encontro que na primeira juventude me abriu as portas de uma outra literatura, uma maneira outra de escrever, em que as palavras pousavam leves, imprimindo, com sua leveza, funda marca.

♦

Para completar minha tentativa de escultura, eu deveria avançar no tempo, recolher os livros todos que meu casamento me trouxe, leitura agora multiplicada por dois, eu lendo com meus próprios olhos e com os do meu marido poeta, Affonso Romano de Sant'Anna. E os livros da profissão, os meus e os dos colegas. Teria que continuar indefinidamente, tirando livros e mais livros, desmontando prateleiras, apagando os passos todos que me levaram a bibliotecas e livrarias, obliterando as leituras tantas que fiz nos aeroportos, nos trens, nos aviões, nas salas de espera e nas filas, debaixo dos lençóis, nas casas e nos hotéis. Eu poderia tirar todo o mármore, toda palavra escrita, e ainda assim não chegaria ao que a leitura fez por mim, porque aquilo que eu poderia ter sido sem a leitura nunca existiu. Chegaria, porém, àquilo que já sei: que a leitura me fez assim como sou. Interagindo com meu DNA, com as circunstâncias da vida, com os encontros e os desencontros, mas sempre presente, ajudando-me a elaborar cada gesto, cada ato. Ou, mais do que isso, fundindo-se com a vida para dar-lhe um sentido mais amplo.

O LIVRO, entre Barbie e a longa noite*

* Conferência apresentada no
Congresso Internacional Lectura 2007:
Para leer el XXI Por el mejoramiento
humano, em Havana, Cuba.

O que primeiro me ocorreu diante do título deste nosso Encontro foi uma pergunta: de que livro estamos falando quando dizemos LIVRO?

É um velho hábito nosso, de leitores empedernidos, generalizar, seja quando pensamos em literatura, seja quando temos em mente o cânone. Mas, se ando entre as estantes de uma livraria, essas livrarias cada vez maiores que com justeza chamamos mega — em São Paulo foi recentemente inaugurada uma maior ainda, uma gigalivraria —, se percorro os suplementos literários não me vejo diante de uma única entidade LIVRO, mas confrontada com um universo de livros grandemente diferenciados, criados para atingir diferentes públicos e desempenhar diferentes funções.

Certamente, não foi pensando em mim que se publicou o último romance histórico sobre a donzela e a tapeçaria do unicórnio; a estilista *superfashion* que escolhe a edição de luxo da história do sapato na moda pode até se interessar pela biografia de Nietzsche, mas o ensaio de 800 páginas sobre o efeito da colonização na África subsaariana certamente não foi pensado para ela nem lhe acena do alto da sua prateleira; e embora os livros de culinária sejam cada dia mais endereçados aos homens, são os últimos em que o jovem aspirante a intelectual gastará seu magro dinheiro.

Tão diversos, e voltados para públicos tão diferenciados, esses livros todos constituem, no seu conjunto e cada um por si só, um fato cultural. Pois todo livro, seja ele qual for, carrega em si elementos reveladores da cultura do seu tempo. No livro escrito hoje, encontramos o olhar moderno sobre o mundo, mesmo quando voltado para outros tempos. E toda reedição nos diz da manutenção de certos valores. Podemos mesmo afirmar que os livros não existem para contar histórias, mas para contar cultura, as histórias sendo apenas o meio de que a cultura se utiliza para viajar.

Faulkner não inventou o condado de Yoknapatawpha para narrar os pequenos fatos de uma pequena cidade como faria qualquer comadre bisbilhoteira, mas criou um microcosmo para retratar a decadência cultural e espiritual do Sul dos Estados Unidos, ao mesmo tempo que levava seu leitor para os abismos da decadência existencial. E Proust não forrou de cortiça o seu quarto com a intenção de escrever uma crônica social anedótica, mas lançou mão da sua memória e da sua experiência de vida aristocrática para dissecar o tempo e a alma humana.

Por vício e por paixão, eis que me volto para a literatura, sobre cuja função cultural ninguém tem dúvidas. Mas tomemos um livro qualquer, ao acaso, desses de que o mercado gosta tanto, desses que inundam as livrarias e que nós olhamos com certo desprezo. Tomemos, por exemplo, um livro de autoajuda. Para além dos conselhos que dá, pode ser muito eloquente.

Ele nos fala de uma cultura que não respeita seus velhos, que não reconhece neles a sabedoria dada pela experiência, pois relaciona sua experiência a um mundo ultrapassado, que nada mais tem para ensinar. E que, não respeitando os velhos, ignora seus conselhos e perde, com isso, preciosos guias. Uma cultura que para saber como agir no amor, na insegurança, na solidão, no medo, naqueles sentimentos tão antigos quanto a espécie humana, precisa comprar um receituário.

Ele nos fala de uma cultura que, tendo se afastado do espírito para aproximar-se mais e mais da matéria, sente-se desamparada, querendo recuperar aquilo que foi jogado fora com a água do banho. Mas alcançar a espiritualidade demora, e o tempo da modernidade é curto. A pureza de espírito exige renúncias, e o momento manda acumular. A vida do espírito pede dedicação, e a dedicação já está alocada. Então compra-se o livro da espiritualidade pinçada aqui e ali, facilitada, em poucas lições, de consumo rápido e ao alcance de todos.

O que lemos como elemento cultural nesse livro colhido entre tantos não é o que nele está impresso, é o que representa o fato de ele ter sido escrito, publicado, e de ter um público tão expressivo.

Uma vez estabelecido que todos os livros são um fato cultural, não temos como escapar da segunda constatação: todos eles são mercadoria. Todos estão à venda e, uma vez à venda, englobam-se naquela entidade gigantesca e amedrontadora chamada mercado. Só na União Europeia, calcula-se que sejam publicados 312 mil novos títulos por ano, a venda de livros soma cerca de 19 bilhões de euros anuais, a indústria do livro emprega 130 mil trabalhadores, sem calcular os funcionários das livrarias — será que se lembraram de incluir os escritores?

Os dados são modernos, o fato, não. No mesmo século de Gutenberg, foram abertas na Europa 247 tipografias, de onde saíram mais de 30 mil edições.

Mas mercadoria também é um fato cultural. Uma Barbie é um fato cultural. Com seus seios mais que generosos, sua cintura mais que fina, ela é o modelo perfeito da mulher hipersexualizada, siliconada, malhada, que a modernidade quer nos vender, e que as revistas femininas, alimentadas pela publicidade de cosméticos e afins, enaltecem. Se Barbie está sempre na ponta dos pés, é para poder calçar seus sapatinhos de saltos altíssimos. Se tem cabelos compridos até a cintura, é para aumentar seu poder de sedução. E as meninas brincam com ela num jogo de identificação, como brincariam com as divas dos tapetes vermelhos se apenas pudessem miniaturalizá-las. Ampliando esse jogo, a indústria cooptou estrelas do mundo do entretenimento, que têm hoje bonecas com seu próprio rosto, numa produção de clones liliputianos que não para de crescer.

Há dois séculos, Barbie teria sido considerada uma indecência, um brinquedo quase pornográfico. As bonecas então eram bebês ou, quando muito, crianças, para treinar as menininhas nas delícias da maternidade. Eu própria que, modestamente, sou só do século passado, fiz muito leite de mentirinha misturando com água o Pernod da minha mãe — Pernod é uma bebida alcoólica à base de anis que, misturada com água, ganha aspecto leitoso — para dar mamadeira aos meus bebês.

E se a famosa boneca de Crepereia Tryphaena tinha formas de mulher, não era para ensinar sua dona a ser sexy, mas para que aprendesse a ser uma digna matrona. Crepereia Tryphaena é o nome da menina romana do século II d.C. que, sepultada com suas jóias e sua boneca, foi encontrada em escavações nos anos vinte. A boneca de marfim tinha membros articulados, seios pequenos e quadril harmoniosamente largo, rosto sério, cabelos presos em cachos. Possuía uma arca entalhada que, presume-se, teria guardado suas roupas, dois pentes de marfim, dois espelhos de prata, tudo pequeno, em escala com sua dona. Foi ela, a boneca, o grande sucesso da exposição sobre o material arqueológico da tumba, realizada em 1983.

As bonecas são fatos culturais relevantes porque contam qual o modelo de mulher que, em determinado momento social, quer-se imprimir nas meninas.

Toda mercadoria vive involucrada no mercado, ajaezada e conduzida pelas rédeas do mercado. E é justamente nessa questão de rédeas que começa nosso medo.

Houve um momento, quando a industrialização do livro começava a ganhar corpo, em que as coisas pareciam se endereçar em outra direção. Falo das primeiras décadas do século passado, quando, vencido o medo inicial originado pela massificação, vencido um certo regresso saudosista à artesania editorial, as novas possibilidades se apresentavam na sua forma mais positiva.

A editoria era então uma atividade nobre, um negócio com nome e sobrenome, administrado pelo proprietário e, às vezes, por sua família. Um negócio que, embora buscando lucro, era mais vinculado ao mundo da cultura do que ao do faturamento. Os editores eram figuras de proa no mundo literário. E os escritores participavam desse mundo não apenas como produtores distantes, trancados em seus escritórios com suas máquinas de escrever e suas personagens, mas de maneira atuante, partilhando das decisões dentro das próprias editoras.

Recorro, como exemplo, aos meus dois países. Em plena ditadura fascista, destacava-se na Itália a editora de Giulio Einaudi, que, empenhado no renovamento e na abertura cultural, reunia ao seu redor a nata dos intelectuais e escritores antifascistas. Pergunto-me como cobria a ausência desses preciosos colaboradores, frequentemente encarcerados ou enviados para aquele exílio dentro do próprio país, que era chamado "confine".

Outra grande editora italiana da mesma época, Mondadori, pertencente a Arnoldo e seus três filhos, marcou com seu espírito inovador a vida cultural do país. Ficaram na história editorial suas coleções de grandes obras, o ingresso no universo do livro econômico de qualidade — *pocket book* — e o lançamento maciço de revistas e histórias em quadrinhos.

No Brasil, o editor José Olympio reunia a seu redor os principais escritores, numa estreita relação de amizade que superava em muito o puramente comercial. Sua editora era um centro de fermentação intelectual que irradiava escrita, cultura e pensamento para o resto do país.

Esse tipo de editor não desapareceu, felizmente. No mundo inteiro, porém, encontra-se hoje limitado a editoras pequenas, respeitadas, que pouca ou nenhuma influência exercem no grande caudal do mercado onde as regras são ditadas. São remanescentes heroicos, tão delicados quanto uma espécie em risco de extinção.

O temor que nos habita, e que deu origem ao tema deste encontro, nasce dessa troca de comando na navegação livreira, e prossegue até chegar ao triplo esmagamento gerado pelos grandes grupos que manobram o mercado editorial; pela massa espantosa e crescente de livros que, em velocidade cada vez maior, é atirada no mercado; e pela falta de qualidade de grande parte desses livros.

Pressa e quantidade obrigam a uma passagem vertiginosa pelas livrarias. A cada livro, independente do tempo, do esforço e dos sacrifícios que consumiu para ser escrito, do tempo, do esforço e do dinheiro que consumiu para ser editado, são concedidas apenas pouquíssimas semanas de presença, nas quais terá que demonstrar seu poder de fogo. Se vender bem, fica. Senão, some. Ter seu livro nas mesas centrais ou nas prateleiras mais próximas da porta de entrada da livraria tornou-se quase uma condecoração para um autor, embora no mercado todos saibam que são lugares negociados ou diretamente comprados pelas editoras.

Pressa e quantidade condenam à escuridão e ao silêncio inúmeros livros de qualidade que, de venda mais lenta e não encontrando lugar na mídia superlotada e manipulada, atravessam o tempo da sua breve vida desconhecidos do grande público.

Assim como bons livros são frequentemente empurrados para fora do mercado, a figura do grande editor como patriarca cultural saiu aos poucos de cena, cedendo o passo a grupos tentaculares. Retomemos os mesmos exemplos anteriores: a Einaudi foi comprada pela Mondadori em meados dos anos 1990. Mas Mondadori já não significava o velho Arnoldo, a editora havia deixado de pertencer à família no início daquela mesma década e formava parte do grande grupo Fininvest. Após a venda, os três filhos Mondadori fundaram suas próprias editoras, pequenas, especializadas, uma em livros de antropologia, outra em periódicos de qualidade e a terceira em livros didáticos.

No Brasil, a José Olympio, após a morte do fundador e dificuldades enfrentadas pelos herdeiros, é hoje apenas um selo da maior editora brasileira, a Record. Os três netos têm uma editora especializada em livros de aconselhamento.

Um grupo não é a mesma coisa que uma pessoa. Um grupo é chefiado por um conselho, e o conselho é apenas um poderoso grupo menor, igualmente sem rosto. Que meta rege um grupo, além do lucro? Que redes sustentam um grupo? De onde vem seu capital? Quais os limites físicos e éticos de um grupo? Quais os seus interesses? E quem os estabelece?

Nos últimos anos, o Brasil tem vivido uma febre de compras por parte de grandes nomes da editoria internacional, sobretudo europeia. Eu própria não sei mais a quem pertence uma parte de mim, pois uma das minhas editoras, e das grandes, foi comprada e vendida vezes sem conta nos últimos anos, passando para a mão de um grupo editorial, que a revendeu pouco depois para um enorme conglomerado, que adiante decidiu desfazer-se do setor editorial passando-o para outro grupo ou outro conglomerado. Em algum ponto desse percurso, confundi nomes e pistas. Não seria difícil me localizar, bastaria perguntar. Mas não sinto necessidade, porque há muito deixei de acreditar que isso faça diferença.

Vender, para muitos editores brasileiros, foi um bom negócio. E no princípio nós, os escritores, os apaixonados, os envolvidos nesse universo de papel, chegamos a pensar que a presença de grandes editoras estrangeiras — sobretudo espanholas — representaria uma abertura. Os novos donos, acreditamos com comovente inocência, editariam seus autores aqui e nossos autores lá. Finalmente venceríamos o oceano, derrubaríamos as fronteiras. Doce engano. Não era essa a intenção, esse propósito nunca existiu. O que se queria era aplicar aqui as técnicas produtivas de lá, mantendo o anterior funcionamento da máquina, mas apertando mais e mais o torniquete para aumentar os lucros. As *holdings*, muitas vezes multimídia, não podiam se satisfazer com os lucros discretos que até então regiam nosso sistema editorial.

Quanto aos autores de lá — que também teriam gostado de ser publicados no Brasil —, que continuassem como estavam, publicando-se deles só o que fosse mais seguro, precedido por sucesso internacional, alardeado pela mídia, enfim, os *best-sellers*, aqueles mesmos que já eram editados anteriormente. A tão esperada abertura não aconteceu. O mercado local não se alterou. Apenas, aceleraram-se os tempos.

Se a aceleração dos tempos e o gigantismo do mercado não fossem suficientes para perturbar-nos o sono, teríamos a internet bafejando na nossa nuca.

Lembro-me do clima que reinava na Feira de Frankfurt há mais de uma década. E que perdurou por alguns anos. Tinha-se a sensação de entrar no labirinto onde, ao fundo escuro, o Minotauro espera. O grande tema ocupava seções inteiras e coalhava os debates: a informática ia acabar com o livro. Mais adiante verificou-se que não, o livro não morreria. Mas coisas inesperadas poderiam lhe acontecer.

Uma dessas coisas aconteceu no dia 24 de julho de 2001. Nesse dia, provavelmente sem a autorização dos seus editores, Stephen King ofereceu em seu *site* o primeiro capítulo de um novo livro, *The plant*. Para baixá-lo, bastava um endereçamento no *e-mail*. Mas o primeiro capítulo era apenas a isca. King avisava que só disponibilizaria os capítulos seguintes se cada leitor lhe enviasse um dólar, e se o total dos leitores generosos totalizasse 75%. Com menos do que isso, o jogo acabava ali. Não sei o que ele faria com o dinheiro caso apenas 74 ou 73% respondessem, mas suponho que devolver fosse uma operação demasiado complexa.

De todos os que, em dois dias, baixaram o texto, 76% enviaram um dólar ao autor. Eram 100.000. A caixa registradora de King marcou um gol, e dois outros capítulos foram publicados nos dois meses seguintes. Não creio que ele tenha perdido tempo perguntando-se se os 24% leitores restantes eram apenas sovinas ou se não tinham gostado do primeiro capítulo.

King não era nenhuma virgem internauta. Havia sido dele o primeiro *e-book* lançado para o grande público. *Riding the bullet* vendeu 500.000 cópias digitais em 48 horas, e mais teria vendido se um *hacker* não driblasse a segurança, inundando a internet de cópias piratas. King teve um companheiro inesperado nessa cavalgada, mas sentiu o gosto da rapidez — e do dinheiro — que a rede pode fornecer.

Minha experiência pessoal nessa área não é, lamento muito dizê-lo, nem de longe semelhante à de Stephen King. Aliás, era de se esperar, uma vez que minha experiência puramente editorial também se distancia enormemente da dele. Um livro meu extraído de artigos publicados na imprensa, *Vinte vezes você*, foi publicado por um grupo de jovens que estava inaugurando uma livraria virtual, com obras inéditas em papel. Era muito sedutor, conforme me mostraram, com carrinho de compras igual ao do supermercado aparecendo na tela, e a mãozinha depositando lá dentro o livro adquirido. Mas grupo de jovens, atividade inovadora e países não propriamente desenvolvidíssimos podem resultar num péssimo coquetel. Não consegui encontrar a livraria na rede, ou não consegui operá-la, já não lembro, sei apenas que foi um fracasso. Os recém-editores não me prestaram contas e, dentro de pouco tempo, acabaram tornando-se tão invisíveis quanto a livraria. Até que o contrato expirou.

Mas não há de ser um pequeno desastre pessoal desse tipo que vai deter a marcha invasora da internet sobre o território do livro de papel. Sua presença já se torna avassaladora. Entretanto, os resultados e os rumos dessa revolução ainda representam uma incógnita. Podemos fantasiar, podemos fazer projeções, mas é impossível saber, de fato, o que acontecerá no futuro. Nem podemos esquecer que o alcance à internet é ainda limitado a certos países, certos grupos sociais, certas áreas geográficas, que não são sequer as menores.

O fato é que, se eu quero um livro um pouco mais difícil de obter, minha filha o compra para mim na Amazon — eu ainda prefiro garimpar nas livrarias, lutar um tanto pelo que desejo, encomendar, esperar —, e outro dia meu marido, que também é escritor, descobriu um *site* na internet com a listagem e os endereços dos sebos brasileiros, bastando lançar no *site* o título do livro que se está procurando para saber quem o tem e recebê-lo, se desejado, por reembolso postal. Solução salvadora para os fanáticos de sebos que sofrem de alergia a poeira, ou para aqueles que, como eu, por muita alergia nem se aproximam da porta.

Nem todas as livrarias *on-line* são como aquela minha, muito pelo contrário. As internacionais, que inicialmente só comercializavam livros tradicionais, agora oferecem também seções de *e-books* e de e-conteúdo, sendo que em muitas delas é possível obter um exemplar impresso sob encomenda.

E a questão econômica também se faz presente — podendo se tornar determinante. Para economizar custos de produção e de estocagem, as Edições Unesco lançaram *e-books* em sua *web*, eliminando os mesmos títulos em papel. As árvores ficarão gratas; os leitores, não sei.

No universo do livro, uma cunha que não podemos desconhecer se insere entre o fato cultural e a mercadoria: a crítica literária.

Deixemos de lado a crítica emitida pela academia, estudos literários que só se ocupam de literatura, desconhecendo o resto da produção livreira e que têm circulação restrita. A que interessa a esta nossa conversa é a crítica veiculada pela imprensa, que na maioria das vezes está a meio caminho entre a crítica ligeira e a resenha alentada. É essa que influencia diretamente o mercado, que diz ao livreiro que livros comprar ou mais fartamente exibir, que diz ao leitor, sobretudo ao leitor médio, que livro escolher no grande caudal das ofertas. É essa que os editores disputam ferozmente por meio de divulgadores e publicidade, formas poderosas de pressão.

Também nessa área há indicações de movimentos sísmicos. Nos Estados Unidos, sob o patrocínio do Círculo Nacional de Críticos Literários, 120 escritores liderados pelo romancista Richard Ford, já premiado com o Pulitzer, assinaram um abaixo-assinado pedindo ao *Atlanta Journal-Constitution* que devolvesse a Teresa Weaver o posto de editora de livros. Teresa não havia sido demitida em favor de outro jornalista. Muito simplesmente, seu cargo foi extinto. Pulverizado o editor de livros, as resenhas passaram a ser supervisionadas pelo editor responsável pela cobertura geral do setor de artes.

O fato não é isolado. Há pouco tempo, o *Los Angeles Times* criou um novo caderno, fundindo seu suplemento literário independente com as páginas de opinião da edição dominical, o que reduziu o espaço dedicado aos livros de 12 páginas para 10. E o *San Francisco Chronicle* reduziu de 6 para 4 páginas o espaço da seção de resenhas.

Quase sorrateiramente, tirando duas páginas aqui e mais duas acolá, o país vai privando os livros do seu espaço. É uma maneira nem tão sutil de dizer que não valem mais tanto investimento. E porque que não valem, outra forma de economia está se alastrando nas redações: em vez de pagar repórteres e resenhadores especializados, os veículos estão preferindo comprar material de agências ou de publicações maiores.

Empurrados progressivamente para fora da imprensa, os livros, porém, não ficam na chuva. No ano passado, um certo Dan Wickett escreveu 95 resenhas de livros em seu blog. Quem é Dan Wickett? O ex-funcionário de uma fábrica de autopeças, que largou o emprego, abriu uma ONG que apoia a publicação de revistas literárias e dedica-se ao seu *blog Emerging Writers Network*. Não é o único. Os *blogs* literários proliferam. E vão sendo incorporados ao mercado. A resenha não é mais uma exclusividade da imprensa.

À primeira vista, parece até mais democrático. E talvez seja. A literatura deixa de pertencer apenas a um punhado de especialistas. Em vez de um único tipo de avaliador, vários. Qualquer pessoa pode comentar um livro, mandar seu comentário para um jornal como o *Atlanta* e vê-lo publicado na página de opiniões, ao lado de resenhas feitas por profissionais. Os próprios consumidores darão nota ao produto. Ou ainda, qualquer pessoa pode fundar um *blog* literário e disparar resenhas em cascata, numa velocidade até superior à de um jornal. São os novos tempos plurais e interativos chegando à literatura.

Mas podemos argumentar.

Argumento número um: quem se responsabiliza por essas opiniões vindas da grande massa anônima? Um jornal é uma instituição reconhecida, tem um compromisso de qualidade e veracidade com seus leitores. Que compromisso tinha Dan Wickett quando começou? Ou, se tinha — e acredito que tivesse um qualquer compromisso pessoal —, quem podia comprová-lo, quem era o seu fiador? Hoje, seus leitores podem até confiar nas opiniões dele, mas tiveram que construir essa confiança às suas próprias custas.

Argumento número dois: um jornal de grande tiragem atinge muito mais gente que um *blog*.

Argumento número três: você confiaria nas instruções médicas fornecidas pelo ex-funcionário de uma firma imobiliária? Então, por que confiar em suas opiniões sobre literatura? Arte não é a casa da mãe Joana, onde qualquer um vai entrando sem pedir licença. Exige formação, estudo, atualização constante. Demanda conhecimentos multidisciplinares, além de um tipo específico de sensibilidade. E literatura é arte.

Argumento número quatro: uma resenha pode até ser um simples resumo da história, sem aprofundamento crítico. E isso, pensam certamente os autores de alguns *blogs* ou de algumas opiniões enviadas a jornais, qualquer um pode fazer. Nós, porém, que estamos aqui tratando de leitura, sabemos que não é verdade. Qualquer um pode fazer, mas não com a mesma qualidade. Há leitores e leitores. E cada leitor fará um resumo diferente, embora sem faltar com a verdade. Só o leitor atilado, porém, só o leitor-guia fará do resumo não apenas uma olhadela apressada, mas a porta para a entrada profunda naquele livro. E é por sua capacidade leitora, mais do que por seu belo texto, que os jornais responsáveis escolhem, ou deveriam escolher, os resenhadores de livros.

Argumento número cinco: a função da crítica — continuamos falando daquela de jornal — não é apenas informar o leitor sobre o conteúdo desse ou daquele livro, fornecer dados biográficos do autor ou elementos anedóticos sobre a gênese do livro. A função da crítica é estabelecer padrões de qualidade necessários para fortalecer a opinião crítica do leitor e permitir-lhe escolher com acerto mesmo entre os muitos livros não resenhados. Na busca de excelência, o crítico se vê obrigado a trabalhar com um nível de exigência superior ao da média. Mas se trocarmos o crítico especializado pela democrática voz dos leitores, por aquela voz que tanto mais representativa será quanto mais se aproximar do gosto comum, quem estabelecerá, e com que critérios, os padrões de qualidade? Ou devemos aceitar como decorrência natural dos novos tempos um nivelamento do gosto, situado num patamar mais baixo, para ser compartilhado igualmente por todos?

Os donos de *blogs* literários também podem argumentar. Dirão que o *blog* é mais eficiente que o jornal, porque o *blog* tem que ser procurado e a procura já é uma forma de desejo, enquanto o jornal vem com produtos diferentes que nem sempre são do interesse do leitor. Dirão que só leitores — e, portanto, compradores de livros — procuram o *blog*. E poderão concluir, para deleite dos editores, que o *blog* é veículo altamente especializado, nicho certo para o livro acertar no seu público-alvo.

Igual direito de argumentar têm os autores de resenhas enviadas a jornais. Se tivessem uma única voz, diriam que a crítica é muitas vezes dura de cintura, cheia de si, mais disposta a ser contra do que a favor, elitista. E poderiam concluir dizendo que o que se quer é uma voz mais coloquial, mais pé no chão, uma voz como a deles, que não se endereça só a uns poucos mas que fala para qualquer um.

Entre tantas alternativas, fico com a opinião de Richard Ford:

> "Acredito ser vital a função da crítica literária em sua forma jornalística mais plena, da mesma maneira que a literatura em si é vital".

Todas as meninas do mundo têm ou desejam ter uma Barbie autêntica ou uma genérica. Todas, é claro, menos aquelas que não têm direito sequer aos desejos. E, no entanto, o imperialismo da Barbie não eliminou as bonecas-bebês, que continuam sendo produzidas e acalentadas em quantidades astronômicas. Pois, ao mesmo tempo que o gigantismo do mercado impõe ou favorece certos produtos, sua fome enorme e voraz o obriga à pluralidade, única forma possível de pleno abastecimento e de maximização dos lucros.

Essa fome, aliada aos grandes movimentos migratórios iniciados no século passado, está abrindo portas antes fechadas. Os Estados Unidos, atentos à presença maciça de emigrados latinos que muitas vezes nem sequer falam a língua do país, têm hoje editoras fortíssimas dedicadas exclusivamente ao público hispânico. Eu própria sou editada por uma delas e participei, há dois anos, de dois encontros em Nova York, um, gigantesco, para professores de espanhol do país inteiro, e outro mais seletivo, ambos dedicados à expansão da língua no país e ao oferecimento de publicações para os hispanófonos.

E na Europa, que comemora 50 anos de fundação da União Europeia, nunca se traduziu tanto. Os 27 países da UE somam quase 500 milhões de cidadãos que falam 22 idiomas oficiais, incluindo o búlgaro e o romeno, que quase parecem dialetos, e mais um monte de dialetos que quase parecem línguas. Aparentemente, não haveria nenhuma possibilidade de entendimento, mas esses povos, que há séculos se desentendem, estão conseguindo se entender muito bem no plano literário, em grande parte graças às traduções.

"Os editores têm hoje uma consciência maior do que seja a Europa — disse Bernard Pivot, jornalista francês especializado em literatura, na recente Feira do Livro de Bruxelas —. Se os livros franceses são traduzidos nos outros países, é necessário que a França traduza livros dos outros. São surpreendentes os livros dos países europeus que muitas editoras têm traduzido."

Dito assim fica muito bonito, um intercâmbio generoso que dá a impressão de termos chegado a outro patamar de civilização. Mas tudo leva a crer em motivações menos românticas. O aumento de traduções se deve, sobretudo, a dois motivos: um, a necessidade de novos títulos e novos autores; outro, a exigência do público que, confrontado constantemente com estrangeiros, e mais viajado graças às facilidades turísticas, tornou-se mais aberto a novas culturas e mais curioso.

A União Europeia ajuda. Mais de 1300 livros foram traduzidos entre 1997 e 2002 graças ao apoio de programas da Comissão Europeia. E as Feiras de Livro, dedicadas cada ano a um país, também têm seu papel. Se não representam uma ajuda direta para a tradução, constituem um ponto de encontro importantíssimo entre editores e agentes de diferentes nacionalidades, e chamam a atenção do público para literaturas das quais muitas vezes não tinha conhecimento.

É claro que tudo isso vai sendo alterado pelo momento político, pelas circunstâncias e pelo empenho político dos países.

A questão é simples, traduzir encarece o preço de produção do livro e, dependendo do autor, pode representar um sério risco de encalhe. Quantos leitores comprarão no Brasil o livro de um quase desconhecido autor esquimó, mesmo ele sendo ótimo? Poucos, se tanto. Mas se o Brasil estiver envolvido em um trabalho científico importante e muito divulgado no Alasca, ou se um navegador brasileiro tiver ficado preso na banquisa, ou se uma novela brasileira se passar entre os inuítes, então o interesse dos leitores terá sido despertado e as vendas poderão tomar outro rumo. Outra não é a razão da recente onda de livros sobre caçadores de pipas, livreiros, mulheres de burca e até cachorros resgatados, todos vindos daquela região conflagrada que o noticiário da televisão serve diariamente ao mundo inteiro.

E a roda gira. Lembro-me com ternura de um momento que foi nosso, o *boom* da literatura latino-americana, na década de 1960, quando a Europa parecia clamar por uma onça escondida na mata, uma palmeira ao vento, uma umidade escaldante colando-se nas coxas de mulheres de pele morena, e uma loucura mansa e alucinada costurando a realidade. Pensamos que enfim haviam se rendido à nossa qualidade, e que os grandes nomes seriam apenas os batedores que abririam caminho para os novos. Mas era apenas um momento. Os grandes nomes ficaram, e só eles. Os outros nunca tiveram um espaço consistente.

Muita gente nos substituiu, num rodízio constante. Houve os chineses. Os japoneses, que já tinham tido sua hora na década de 1950, voltaram trazidos pela novidade da inovadora literatura mangá. Até pouco tempo, as livrarias da Europa transbordavam de livros do Leste Europeu. Mas esses também cansaram. O que se quer neste exato momento — se não acabou de passar enquanto falo — é a literatura dos países escandinavos.

Segundo um editor da editora francesa Flammarion, o sucesso dos escandinavos se deve a suas histórias, verdadeiras e romanescas "como as de antigamente", ao passo que os autores franceses estão apenas rodando em volta de seu pequeno mundo pessoal, que pouco tem para entusiasmar os leitores.

Os autores franceses podem não ter gostado dessa apreciação, mas sabem que vender escandinavos é uma maneira de manter a agilidade das mesmas editoras que os vendem, e não reclamarão.

Leena Lander é finlandesa. Ganhou o Grande Prêmio de Literatura Nórdica e, no princípio deste ano, lançou no mercado francês seu novo livro, *Obeir*. Disse numa entrevista:

"As condições de vida são muito difíceis em países como a Finlândia. Os leitores querem saber como fizemos para sobreviver. São histórias de sobreviventes, como sobreviver ao inverno rigoroso, à falta de luz. Talvez seja isso que as pessoas queiram ler hoje. Pode-se não morrer de frio ou fome tanto quanto antigamente. Mas há as histórias sobre aqueles que emocionalmente enfrentam a fome e o frio."

Quando o mercado tiver esgotado o interesse do público pelo frio, irá buscar histórias de sobrevivência no deserto. E a longa noite voltará a deitar-se sobre a rica literatura da Finlândia.

Vindo para cá, passei por vários aeroportos. E a primeira coisa que faço depois de passar no *check-in* é ir à livraria. Vou para comprar o jornal do dia, que lerei enquanto espero a hora do embarque. Mas sempre examino atentamente prateleiras e bancadas, na esperança de encontrar algum título que me surpreenda, algum autor que me sorria. É quase impossível. Sempre, ao sair, levo comigo, além do jornal, a frustração de ver tantos livros publicados, e tão poucos para mim.

Não são poucos, na verdade. Os livros para mim ultrapassam, em quantidades astronômicas, qualquer possibilidade de leitura. Ainda assim, o volume espantoso daqueles títulos que eu jamais leria e que parecem multiplicar-se a cada segundo, gera um grave desequilíbrio.

Eu falaria em crime cultural, se o pensamento democrático não me ditasse outro raciocínio: há pessoas que leem só para se distrair, para esvaziar a cabeça depois de um dia de trabalho; os livros mais indicados para isso são aqueles que contam histórias que já se conhecem, de um modo que já se conhece; o mercado fornece esses livros; as pessoas têm o direito de dispor de livros de acordo com seu gosto.

O problema é que esse tipo de raciocínio nem sempre considera as variantes. Senão, vejamos: cada vez que o gosto dessas pessoas se concentra em determinado livro, temos um *best-seller*; os editores, em busca de mais um *best-seller*, apostam naquelas mesmas fórmulas que já fizeram sucesso; com isso, encharcam de repetições o mercado, aceleram os tempos e — o que é mais grave — viciam progressivamente nesse tipo de produto o público leitor.

Paralelamente, a mídia, cúmplice primeira do mercado de consumo, aponta seus refletores nos campeões de vendas, consolidando a confusão entre venda e qualidade, e aumentando o risco de monocultura.

Mas a voracidade do mercado que nos ameaça é também nossa garantia, pois não há nenhum segmento que ela despreze. E é para essa voracidade que devemos nos voltar. De que ela se alimenta? De demanda. Então, como em certas lutas marciais que usam a força do inimigo para derrubá-lo, o jeito é agir sobre a demanda. Há vários meios para isso. O melhor e mais antigo é ainda aquele que todos nós conhecemos: educar o gosto desde a infância para que mais leitores exijam obras literárias de qualidade e obriguem o mercado a fornecê-las.

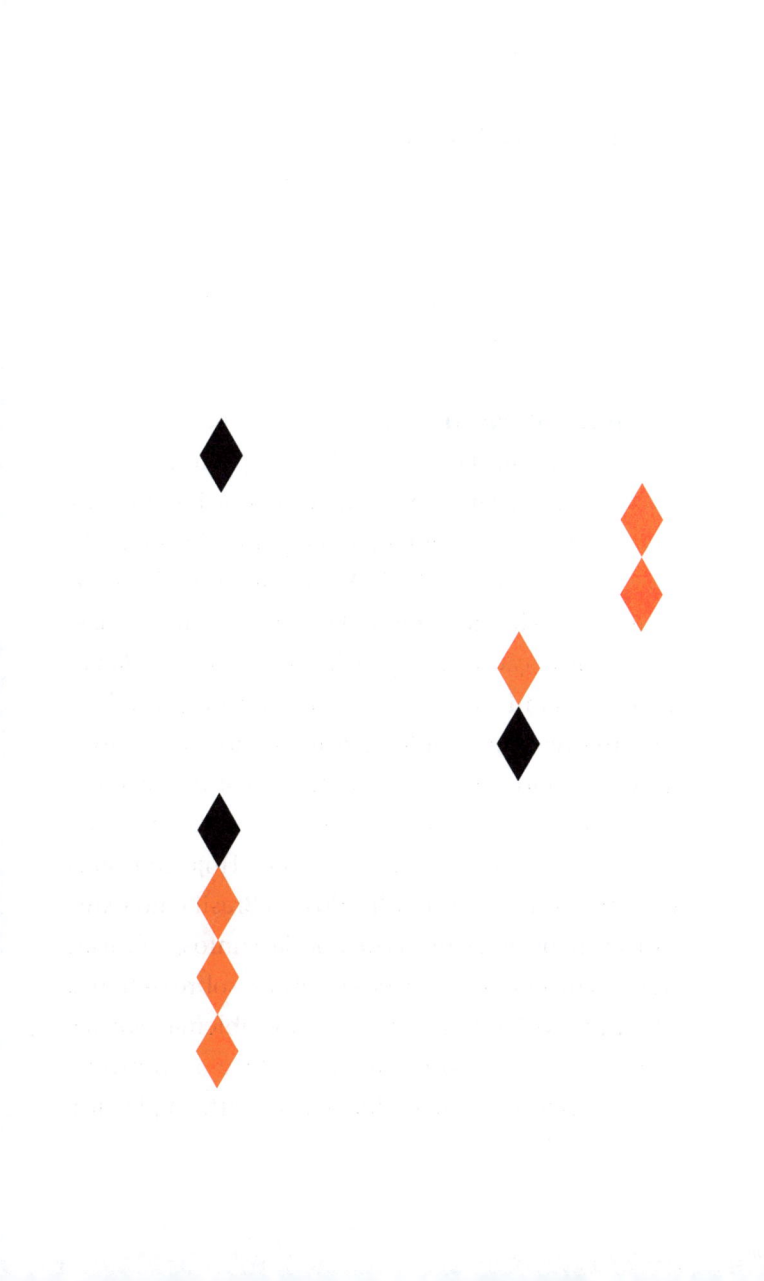

SOBRE A AUTORA

Marina Colasanti nasceu em 1937 na cidade de Asmara, capital da Eritreia. Residiu posteriormente em Trípoli, na Líbia, mudou-se para a Itália e, em 1948, transferiu-se com a família para o Brasil, onde vive até hoje na cidade do Rio de Janeiro. É casada com Affonso Romano de Sant'Anna e tem duas filhas.

De formação artista plástica, ingressou no *Jornal do Brasil*, dando início à sua carreira de jornalista. Desenvolveu atividades em televisão, editando e apresentando programas culturais. Foi publicitária. Traduziu importantes autores da literatura universal.

Seu primeiro livro data de 1968. Hoje são mais de cinquenta títulos publicados no Brasil e no exterior, entre os quais livros de poesia, contos, crônicas, livros para crianças e jovens e ensaios sobre os temas literatura, o feminino, a arte, os problemas sociais e o amor. Por meio da literatura, teve a oportunidade de retomar sua atividade como artista plástica, tornando-se sua própria ilustradora. Sua obra tem sido tema de numerosas teses universitárias.

É uma das mais premiadas escritoras brasileiras, detentora de seis prêmios Jabuti, do Grande Prêmio da Crítica da APCA, do Melhor Livro do Ano da Câmara Brasileira do Livro, do prêmio da Biblioteca Nacional para poesia, de dois prêmios latino-americanos. Foi o terceiro prêmio no Portugal Telecom de Literatura 2011. Tornou-se *hors-concours* da Fundação Nacional do Livro Infantil e Juvenil (FNLIJ), após ter sido várias vezes premiada.

Participa ativamente de congressos, simpósios, cursos e feiras literárias no Brasil e em outros países. Neste livro estão reunidas duas das conferências da autora, proferidas em Bogotá e Havana, ambas sobre a importância dos livros, da leitura e da literatura.

Este livro foi
reimpresso pela
Editora Pulo do
Gato em maio de
2013.